세월을 붙잡고

세월을 붙잡고

이장기 제2시집

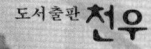
도서출판 천우

● 시인의 말

나 삶의 무게가 너무 무거워
살아온 팔십 년 세월 무얼 하고 살아왔을까?
나 아닌 남을 위해 무엇을 하고 있을까?
돌아보니 잘 살아온 세월보다 못 산 세월이
부끄럽기만 할 따름이다.
우리 인생 한 번 왔다 한 번 갈 인생
내 인생 끝나는 날 슬피 울어 줄 친구 있다면
그것이 행복 아닐까.
이 모든 뉘우침 속에 내 자취를 남기기 위해
이 졸필의 글을 남기고 있노니
이 글이 행여 버려질 휴지조각이 될지라도
글을 남길 수 있다는 자부심에 맘 뿌듯합니다.

2024년 10월
이 장 기

● 축하의 글

넉넉하고 풍성한 삶의 향기

봉산 지 준 기
(문학평론가 · 월간 『문학세계』 편집고문)

　만추의 계절 가을이 익어갈 무렵 주옥같은 시편들을 모아 제2시집을 발간하는 이장기 시인의 초로인생 발자취를 풍미하는 작품 세계를 접하고 놀라움을 금치 못하였다. 강원도 횡성에서 흙과 더불어 자연을 벗 삼아 시를 짓고 노랫말을 농부가 삼아 작사 집 음반도 발표한 바 있는 다재다능(多才多能) 한 예능의 끼와 진수(進修)는 만능 탤런트를 능가하는 수준급이라 하겠다.
　특히 이장기 시인은 대중들에게 시를 널리 보급하고자 소리 문학을 널리 전파하는 시 낭송가로도 정평이 나 있을 정도다. 노역장의 도전정신과 팔순의 연륜을 뛰어 넘는 저력이 얼마나 경이(驚異)로운지 모른다.
　시인의 작품 중에서 「인생을 노래하다」는 많은 공감대를 형성하고 감동을 주는 대목이라 하겠다.

　　내가 살아온 길이/ 꽃길이었다면/ 지나간 세월을 원망을 말자// 낙엽 떨어지는 길 걷다 보면은/ 눈물이 저절로 난다// 인생에 역전이 되려나/ 기다려지는데// 눈가에 주름지고 해 저무는데/ 어슴푸레 달은 뜨려나// 해는 뜨지 않아도 달이라도/ 좋다/ 내 맘에 비춰만 다오~// 해

는 뜨지 않아도 달이라도/ 좋다/ 내 맘에 비춰만 다오~

—「인생을 노래하다 2」 전문

  이장기 시인의 시집을 몇 번이고 탐독해서 읽어보는 동안 어느새 시인의 영혼과 합일치 되는 부분들이 많았다. 농자는 천하지대본(農資 天下之大本)이라 하듯이 농사를 지으며 풍류를 노래하는 화자의 모습은 순박하고 진솔하다. 세월의 한 모퉁이에서 문명의 이기에 상처를 입을 자들에게 훈수(訓手)를 던져 주는 워낭소리와 황소, 시인의 등에 짊어진 지게 쟁기와 더불어 사철 땀방울 흘리며 일생을 자연과 더불어 살아가는 풍경이 자연보다 더더욱 거룩하고 수려하다.

  밤새워 울었는가/ 새벽 풀잎에 흘린/ 눈물 한 방울// 창문을 때리는/ 별빛의 아우성소리에/ 글썽이다 흐른다// 너의 영롱한 모습에/ 아름다운 고운 빛을/ 밤새워 눈물 흘리고/ 아침을 맞았는가// 이슬 한 방울 글썽이다/ 그렁한 눈물 짜내고/ 마른 목을 적실까/ 노래하는 베짱이처럼

—「이슬」 전문

  「이슬」의 시편에서도 시인의 마음자리가 잘 나타난다. 남은 생 세월을 붙잡지 않아도 충분히 좋을 이장기 시인만의 넉넉하고 풍성한 삶의 향기가 삼천리 방방곡곡 울려 퍼지기를 빌며 시집 상재를 진심으로 축하하는 바이다.

제1부
꽃향기 배어 있는 창가에

- 시인의 말
- 축하의 글 넉넉하고 풍성한 삶의 향기 / 지준기

계절 따라 __ 15

봄 여름 가을 __ 16

봄 여름 가을 겨울 __ 17

가을비 1 __ 18

가을이 오는 소리 __ 19

가을비 2 __ 20

뽀드득 __ 22

겨울은 난 싫어 __ 23

겨울이 싫다 __ 24

겨울 사랑 __ 25

봄이 그리워 __ 26

봄맞이 __ 27

봄에 오는 눈 __ 28

봄소식 __ 29

봄바라기 1 __ 30

봄바라기 2 __ 31

벚꽃이 질 때면 __ 32

제2부
해도 달도 비켜 가는

수선화 __ 35

갈포도 사랑 __ 36

명자야 __ 37

송화(松花) __ 38

범섬의 의미 __ 39

억새뜰 __ 40

억새 __ 41

새해 __ 42

청룡의 해 __ 43

송구영신 __ 44

영춘포(迎春浦) __ 45

뻐꾹새 __ 46

매화산(梅花山) 연가 __ 47

믿음 __ 48

고추잠자리 __ 49

귀국선 __ 50

제3부

우주의 많은 생각들

너와 나의 사랑 _ 53

거기 누가 없소 _ 54

나의 삶 _ 55

새푸른 봄날 _ 56

별이 빛나는 밤에 _ 57

꿀짐을 지고 _ 58

잃어버린 청춘 _ 60

해 봤냐 1 _ 61

해 봤냐 2 _ 62

새벽 찬 이슬 맞으며 _ 63

내 인생의 봄날 _ 64

제4부

머리 위에 흰서리
하얀 꽃송이 이고

어머니의 창 __ 67

엄마의 정원 __ 68

해무(海霧) __ 70

길 __ 72

유성처럼 __ 73

지름길 __ 74

인생의 여로 __ 75

청춘 __ 76

노년의 삶 __ 77

황혼의 가을 밤나무 __ 78

제5부

흥겨워 노래 부르리

내 인생은 불사조 __ 81

이슬 __ 82

세월을 붙잡고 __ 83

인생을 노래하다 1 __ 84

인생을 노래하다 2 __ 85

농요―농부 __ 86

청춘을 돌려다오 __ 87

농요(밭갈이) __ 88

세월 __ 90

정 __ 91

가을 오는 소리 2 __ 92

● 해설 삶 속에 묻어나는 언어의 향연 / 김천우 __ 93

제1부
꽃향기 배어 있는 창가에

계절 따라

여름이 떠나가고
남녘에서 남쪽으로
입추 절기를 맞아
가을에게 자리 넘겨주고
미련 없이 사라집니다

여름은 저만치
속절없이 떠나갑니다

남쪽으로 여름 따라
그곳에 당도하면
봄이 기다리고 있을까

막연한 꿈을 안고
수상한 여름은
굿바이, 인사합니다

봄 여름 가을

새푸른 봄날 푸른 풀잎엔
방울방울 이슬이 맺혀
은구슬이 되어 알알이 모여서
아침 햇빛 맞으며 흐르는구나
여름이 가고 가을이 오면
울긋불긋 단풍이 물들고
넓은 벌판엔 서릿발 날리고
주렁주렁 열매 맺히네
주렁주렁 열매 맺히네

봄 여름 가을 겨울

무명 치마 옥색 저고리
치렁치렁 댕기 머리에
진달래 아가씨 봄바람 났네

산새 들새 뻐꾸기 울면
밤나무 꽃 피는 유월
꿀벌 떼들 꿀 바람 날까?

울긋불긋 단풍이 들어
오곡백과 무르익는다
풍년 왔네! 풍년이 왔어

북풍한설 찬바람 불어
산과 들에 흰 눈 내리니
바로 바로 겨울이란다

가을비 1

안개 낀 계곡으로
실안개가 피어오른다
늦가을 단풍을 끌어안고
하늘을 오른다
가을비가 주룩주룩
하염없이 내린다
낙엽을 잠재우는
자장가로 내린다
저만치 겨울이
딱부리눈을 치켜뜨고
가을아 비켜라 호령한다
하늘에 눈덩이 감춰 놓고
가을을 덮으려고
호시탐탐 기회를
노리고 있다
이 비가 그치고 나면
아마도 겨울은
아마도
내 곁에 와 있을걸

가을이 오는 소리

귀 열어 가을이 오는 소리를 들어라
가을 발자국 소리 들리지 않느냐?

눈을 떠서 하늘빛을 보아라
단풍 물드는 것이 보이지 않느냐?

치악산 아기단풍 곱기만 한데
붓끝으로 꼭 찍다가

화선지 속에 꼭꼭 숨겼다가
먼 훗날 꺼내 보리라
낭만의 계절 서울 여행길 떠나며
강물 소리 듣는다

시몬의 가을 노래 그리운 날

가을비 2

추적추적 비가 내린다
굶주렸던 강을 배 채우기 위해
가을비를 열심히 퍼붓는가 보다

떨어진 낙엽 가벼운 가랑잎
바람에 날려갈까 염려되어
비는 쉬지 않고 주룩주룩 그칠 줄 모르고
소리 높여 퍼붓는가 보다 바람과 함께

빨리 가지 말라고
쉬엄쉬엄 가라고
황톳빛 물들여
강하의 품에 안기나 보다
가기 싫은 가을의 넋두리인가
머물러 있으려는 가을의 욕심인가
땅속 깊이깊이 뿌리박기 위한 가을의 조우인가
겨울 오는 문턱에서
가을비는 쉬지 않고 추적추적 내린다

우산 속의 겨울 나그네
낙엽 밟는 소리 들리지 않으니
바삭이는 그 노래는 어디에서 찾을까

우산 꼭지 때리는 빗소리만
슬픈 노래로 승화되어 흐르고
추적추적 후둑후둑 밤새워
추녀 끝에 곡예사 되어 마당 위에 뒹군다

2023년 11월 5일 늦은 밤.

뽀드득

한겨울 아침 따가운 햇살
내 마음 뜨겁게 달구고
소복이 눈이 내리면
하얀 길 흰 세상이 보입니다
조용한 숫눈길을
정답게 걸어가는 노부부
앞서거니 뒤서거니
발자국 남길 때마다
개구리들의 합창 소리가
뽀드득뽀드득 들립니다
봄은 아직 멀었는데
개구리들의 합창단은
이미 벌써 노부부의
발밑에서 뽀드득거리네요

겨울은 난 싫어

봄이 오면 새파란 청춘
즐겁게 노래 불러요
여름이 오면 흐르는 냇가에
첨벙첨벙 물장구치고
천렵도 즐겁답니다
가을이 되면 오곡백과가
무르익어서
단풍놀이 즐겁고
겨울이 오면 흰 눈 내려서
세상을 덮어 버리니까
겨울은 나는 싫어
겨울은 난 싫어

겨울이 싫다

차디찬 대지 위에 눈이 내리면
따스한 봄날이 그리워진다
가지마다 쌓인 눈덩이는
아픈 상처로 남아
치유할 수 있는 봄을 기다립니다
바람이 불 때면 더욱 웅크려지는 아픔으로 남아
동토의 땅은 언제쯤 녹여줄까

눈보라 속의 아픔을 치유할 수 있는 편지를 쓴다
봄이여 오라고

겨울 사랑

찢어진 문틈 사이로
문풍지가 웁니다
겨울이여 오라고
반기는 한가락 장단인걸
만년 솔 푸른 잎
차가운 서리 눈 내려도
천년의 삶을 설계한다
비 오고 서리 오고 눈이 와도
항상 즐겁고 싱그러운
파란 웃음
천년의 소나무는 곧게 서서
추위에 떨지 않으리

봄이 그리워

기우는 달그림자에
잠을 청해 봅니다
꿈속에서 그리던 봄이
온 겨울 차고 시린
겨울을 피해
따뜻한 남쪽 나라에
여행 갔다가
늘 푸른 솔밭에 뛰놀던
그날이 그리워
봄은 찾아왔나 봅니다
여름의 싱그러움과
가을의 풍성함은
봄의 가슴에 남아 있으리
바람 따라 흐르고
구름 따라 찾아온 봄은
머물러 서서 여름 가을과
어울려 홍야홍야 놀다가
겨울이 오면 다시
남쪽 나라로 가리니

봄맞이

봄바람 살랑 불어
봄 마중 나갔더니
어느새 벌써 봄이
내 곁에 와 있는걸
물오른 버들잎 푸르러
피리 부는 사나이
악보 챙기고
버들강아지 살 올라서
눈은 반 뜨고
여유 부린 피라미 떼
번뜩거리며 길길이 뛰고
따듯한 봄날이라
봄놀이 하자 하네

봄에 오는 눈

녹으면서 오는 눈이
무릎까지 덮는다

입춘과 우수가 지났으니
봄은 이미 내 곁에 와 있는데

내일모레가 경칩이란다

동면하던 개구리들 잠 깨어
부신 눈을 떴을까

철 잃은 봄 뜰은
설국이 되었다

잠 깨어난 개구리 가족들
빼꼼히 창밖을 내다보다
화들짝 놀라

다시 바위 속 선잠을 청하니
알 터의 물소리도
조용히 모래톱 베고 잠든다

봄소식

잘 있으란 말 인사도 없이
슬며시 떠나갔던 묵은 봄
살랑살랑 새봄 되어 찾아와
봄소식 전하려
꽃향기 배어 있는 창가에
미소 짓고 배시시 웃고 있네
반가워서 꽃 마중 나갔더니
찾아온 싱그러운 향기가
오히려 알몸으로 달려 나와
반갑게 나를 반기더라

봄바라기 1

꽁꽁 얼어붙은 겨울을 데리고
봄으로 가자 따듯한 봄날 봄풀이
파랗게 싹트기 전에
살며시 꽃밭에 앉아 보자
나비가 먼저 와도 좋아
벌이 먼저 와도 좋아
봄이니까
꿀은 벌들에게 맡겨 놓고
향기는 나비에게 놓고
울 넘어서 넘겨다보는 나팔꽃 사랑을 훔친다
사랑이 필요한 거야
가시울타리 장미꽃 같은
사연을 바람 가득 채운
풍선에 담아 날려 보내자
높이높이 하늘을 날 때
비릿한 구름 목욕한 물이
철철 소나기 되어
넘쳐흐르리

봄바라기 2

겨울 하늘 동녘
떠오르는 아침 해를 보면서
새봄을 생각한다
지나간 봄은
유난스레 푸르렀는데
다가오는 봄은
얼마나 파랄까

냉장고 속의 봄은
아름다운 옛 추억을 기억하면서
벌 나비들의 노래를 작곡하며
춤사위 연출 바쁘다

이제 얼마 후
냉장고 문을 열면
냉동되었던 봄이
녹색 치마 꽃 저고리에
향기 풍기며 뛰어나와

산새 들새 텃새들의 노래
노랑나비 흰 나비들의
춤이 함께 어우러져
봄의 잔치 마당이 되리라
봄이 가고 나면 여름이 오리라

벚꽃이 질 때면

사월의 마지막 날
벚꽃이 지는 편재의 뜰
꽃잎이 날리는 벌판에
눈보라 치듯 흩날리는 낙화

이별의 슬픈 사연일까
만남의 반가운 포옹일까
가지 끝에 매달려 대롱대롱
발발 떨고 있는 버찌 가족들

떨어질까 잡은 손 힘껏 쥐고
곱고 곱던 **빨간** 몸매의 미모
얼굴빛이 까맣게 질려
몸 전체 피멍이 들었는가

제2부

해도 달도 비켜 가는

수선화

두툼하게 굳어 버린
겨울 땅을 뚫고 올라와
겨울잠 깨우느라
수줍은 듯 솟아올라
봄을 맞이하는
수선화

향기라도 있으면
나비라도 날아올 텐데
향기 없이
피어난 꽃으로
무엇을 유혹하는가

짧은 목 길게 빼고
누구를 기다리는 것인가?
담 모퉁이에 피어나는
외로운 한 송이
수선화여

갈포도 사랑

나는 작은 바람이 되어
문틈으로 새어 들어가
문풍지를 울립니다

가슴 벌렁거리는 숨소리
당신이 그리워질 때
이불 홑청 뒤집어쓰고

새벽 찬 이슬 내릴 때면
탱글탱글 익어 가는
뽀얀 갈포도 송이

하얀 분칠한 포도알
달콤한 사랑 느낍니다
향긋한 갈포도 향
그리운 날

명자야

생강나무 개나리 산수유
노랗게 꽃 필 때면
나목으로 서 있던 명자나무
느꺼운 듯
간덩이보다 더 붉은
하트의 꽃으로 피어나
보란 듯 진한 사랑을 보낸다
봄이 익어 갈 때쯤이면
진달래 연분홍 꽃으로
피어나고
철쭉꽃 붉게 필 때면
뽐내던 명자나무
부끄러워 푸른 잎으로
얼굴을 감추네

송화(松花)

천년을 하루같이 살아온
짙푸른 너의 곧고 굳은 삶

수많은 사연을 덕지덕지
감싸고 빨간 속살 감추며
갑옷으로 갈아입고

가지 위에 백로 한 마리
마냥 즐겁기만 한데

바람이 일어날 때면
솔잎 사이에 송화는

송화운이 되어
호수에 던진 혼

숨죽여 잔잔히 일렁이네

범섬의 의미

섬이 바다 깊숙이 뿌리박고
잠겨 있습니다
범섬이 보입니다

범섬을 보니 조용한
내 가슴이 자연히 설렙니다
짙은 안개 해무 속에
보일락 말락 숨바꼭질하고

한때는 범섬으로
한때는 사자 같기도 하던
섬이 바다에 잠깁니다
범섬이 자맥질합니다
범과 사자의 싸움
으르렁거리는 파도에
펄럭이는 사자의 갈기

번뜩이며 펼쳐 보이는
범섬의 눈앞에 풍경은
참 아름답습니다

억새뜰

민둥산 능선을 타고
푸른 숲을 이루는 억새
어석이며 칼날을 세우더니
가을바람에 하얀 금발로
오가는 이들의 존경을 받는다
머리는 백발인데 곧은 허리에 뼈는 더 단단하다
갈대는 허리 굽어 갯바닥을 기는데
머리는 하얗게 희었구나
어둑어둑 해 질 무렵
갈대숲에 물병아리
둥지를 찾는다
허리 굽은 갈대 위에
흰머리 흔들거리며
개여울은 울어대니
메아리 되어 흐른다

억새

가을바람이 산을 오른다
울긋불긋 단풍을 짊어지고
한 폭의 그림처럼

당신을 그리워하며
대쪽 같은 너를 만지다가
잠이 들었다

꿈속에서 너는 민둥산에
걸터앉아 있다
바람 따라 어깨를 맞대고
어석인다 서걱서걱
소름이 끼친다
입가에 조심스런 당부

칼날보다 더 날카로운
서슬 퍼런 입술
손 베일라 머리 하얀
어머니의 말씀
민둥산의 바람은
지금도 어석인다

새해

해가 뜬다 뜬다 뜬다
갑진년 값진 해가 뜬다
동녘 하늘에 새 해가 뜬다
넓은 하늘 구름을 열고
쏜살같이 빼꼼히
내려다보는 태양
청룡이 여의주를 물고 뜬다

삶이 어려워도 이제껏 뛰었다
슬펐어도 뛰었고 즐거워도
뛰었다
뛰자 뛰자 힘내어서 뛰자

내일을 위해 가슴을 열고
뛰자 뛰자 내일을 위해
뛰자

즐거운 날 희망을 안고 뛰자
오오 나의 태양 청룡의 해여

청룡의 해

동녘 하늘 동이 트니
청룡의 해가 뜬다
여의주를 물고 뜬다
웃자 웃자 웃으며 살아가자
하루를 살아도
열흘을 살 것 같이
웃으면 복이 와요
사랑이 온답니다
사랑 위해 웃어보고
즐겁게 살아 보자
묵은해가 지나가고
새해가 돌아오면
꿈틀꿈틀 용의 기운
한 몸에 받으면서
대문을 활짝 열면
복이 와요 행운이 온답니다
입춘대길 건양다경
소문하니 만복래라
입춘방 써 붙이고
웃자 웃어 웃으며 살아가자

송구영신

어제저녁 노을이 새빨갛게
서산을 베고 길게 누웠더니
아침 샛별이 마당에 떨어져
작은 연못에 반짝반짝 졸고
지나간 일기장을 덮어 놓고
낯익은 저 구름이 흘러갈 때
조금은 낯은 설어도
해설픈 청룡의 해가 힘차게
여의주를 물고 올라온다
말없이 보낸 세월이
밉고 야속하지만
다가오는 내일에
발걸음이 가볍다
피가 튀도록 붉은 태양이
지나간 아픔을 토해내고
내일을 밝히는
등불이 되리라

영춘포(迎春浦)

해도 달도 비켜 가는
산막힌골(산막골) 영춘포
짓궂은 겨울비만
주룩주룩 내리네
영춘포 빈 포구엔
아직도 겨울인데
우산 속 영춘포는
봄이 오는가
노적봉 심병대가
자맥질한다
배 떠난 포구 잠든 포구엔
배도 포구도 없고
조용한 영춘포엔
비만 내리네

뻐꾹새

산 까치 후두둑 날개 치며
날아다니던 저 푸른 산
고요 속에 눈만 쌓였네
우뚝 서 있는 저 소나무는
늘 푸른빛 간직하면서
새봄을 기다리는가
산을 비우고 날아간 뻐꾹새
따스한 봄날 오길 기다려
탁란의 꿈을 꾸는데
쌓여 있는 눈덩이는
아직도 겨울이라
녹을 줄 모르네

매화산(梅花山) 연가

땀으로 길든 배턴을
송구영신(送久迎新)이 새겨진 배턴을 바꿔 쥐고
산길을 오른다
남쪽 하늘을 바시시 열고
봄이 오는 걸까
억새가 어석이는 계곡을 따라
버선도 벌지 않고
주천강을 건넌다
삼형제 바위 언덕에
걸터앉았다가
매화산 꽃구경하기 바빠서
가재가 산책하는 계곡물을 따라
매화꽃 피고 돌배꽃
하얗게 반은 피었다
봄바람 살랑거리며
산을 가로질러 전재턴널에
바람길을 닦는다
아주 깨끗이
어디로 가는 걸까
호스가 보이는 저곳
십 원도 안 되는
오원저수지에서
잠시 쉬었다 가려나

믿음

언덕 위에 한 송이 꽃
바람에 흔들리니
더 아름답게 피고

산비탈에 한 그루 소나무는
바람을 먹고 더 푸르러
더욱더 굳어 가네

꽃은 피어 나비를 부르며
향기 날려 꿀벌을 부르네
내 마음은 벌 나비

내 사랑은 장미꽃 향기
내 입술엔 꿀맛의 키스
나의 귓전엔 사랑의 속삭임

그리고 영원한 믿음은
믿음은 늘 푸른 저 소나무
변하지 않는 믿음과 사랑

고추잠자리

가을 오는 문턱에서
입추 이슬 맞으며
활짝 핀 코스모스

가을바람에 한들거려
고추잠자리를 부른다

꽃잎에 앉아 떨어질 듯 말 듯
빨간 고추잠자리는 곡예사 되어
가을 무게를 저울질한다
한 근 두 근 몇 근일까

귀국선

이 세상 살기 바빠서
내 사랑 남겨둔 채로
마음 졸이며 살아온 세월
그날이 애타고 안타까워라
새벽 창가에 앉아서 기도합니다

훈훈한 사랑이 활화산 같은데
아들내미 딸내미 남겨 놓고
돈 벌어 돌아오마 하던 말이
이제는 돌아갈 날 기다립니다

다시 만나 행복하길 빌고 빌면서
비행기 여행권 끊어 놓고
그날을 기다립니다

귀국선 독일 파견 시절
가슴 아픈 사연 회상하면서

제3부
우주의 많은 생각들

너와 나의 사랑

나는 너를 사랑하고
너는 나를 사랑한다

사랑하고 있어도
자꾸 사랑하고 싶고
너도 자꾸 사랑한다고 한다

밤새도록 사랑하고 있을까
혼자 짝사랑하고 있을까

너는 나를 사랑한다고 하고
나도 너를 사랑한다고 한다

우린 서로 사랑할 거라고
사랑하다 깊이 잠든다

거기 누가 없소

지나간 세월 멀기만 한데
기억조차 없는데
다가올 내일을 설계해야 할
밝은 해가 빛납니다
힘들 때나 어려울 때도
웃음으로 살아온 세월
내 나이가 몇인지
헤아릴 수 없는 기억이
말없이 흘러가는 세월은
돌아볼 줄도 모르나 봐
가는 세월 잡아줄 사람
거기에 누가 없겠소

나의 삶

눈비 맞으며 모진 바람에도
흔들리지 않고 살아온 나의 삶
험한 산비탈 마다 않고 서 있는
늘 푸른 한 그루 소나무
덕지덕지 철갑을 두르고
마디마디 옹이 깊이 박혀
비가 오나 모진 바람이 부나
눈이 내려도 올 곳이 한 곳만
바라보며 살아온 나의 삶
아름다운 금수강산
늘 푸른 아름다움에
튼튼한 뿌리로 버티고
오늘도 바위틈 뚫으며
겨울 추위를 견디고
봄을 기다리며 변치 않는
푸른 기상을 간직한 채
우주의 많은 생각들
차곡차곡 나이테에 쌓아 놓고
더 굵은 옹이가 되어
속 고갱이까지 깊이깊이
박히리라

아름 다운 금수 강산—4남매 애명

새푸른 봄날

해설픈 봄날 푸른 언덕에
아지랑이 아롱아롱 피어오르면
생강나무 노랗게 꽃을 피우고
개나리 진달래도 꽃을 피우네
새푸른 봄날 푸른 풀숲엔
방울방울 이슬이 되어
떨구는 눈물
한이 되어 흐르는구나
여름이 가고 가을이 오면
울긋불긋
비단옷에 서리 내리고
황금벌 넓은 뜰에
주렁주렁 열매 맺히네

별이 빛나는 밤에

이 세상 살기 바빠서
내 사랑 떠나보내고
마음 졸이며 살아온 세월
그날이 그리워 그리워라
새벽 찬 이슬 맞으며
기도합니다
내 가슴에 뜨겁게
사랑에 불을 지펴 놓고
아들내미 딸내미 남겨 놓고
울면서 떠나가던 그 사람아
언제나 오시려나 기다립니다
떠난 당신 건강하길
빌고 빌면서
성황당 당섶길에
두 손 모아 빌던
그날이 그립습니다

꿀짐을 지고

봄바람 살랑살랑
아지랑이 피어나면

뒷동산 언덕에
생강나무 꽃피고
따라서 산수유꽃 피네

복숭아꽃 살구꽃
시샘이나 한 듯이
덩달아 피어나고

그 사이로 빼꼼히
앵두 빛 닮은 명자나무
꽃 피어 아름답다네

세월의 흐름 따라
오야꽃 자두꽃
어울려 눈부시게 피고
아카시아 꽃 향기 날리면

꿀 따는 봉주는
향기 따라 삼만 리

휘파람 날리며
봉좌를 찾는다

아카시아 꽃잎
한 잎 한 잎 헤매어 돌아
꿀짐 한 짐 지고 오는
벌들의 노고에
봉주는 즐거워서

윤전기 돌려
말통 채우기에 즐거웁고
입가에선 허벌래
단 웃음 만연하네
잠시 쉬어서
한 수의 시 읊으며
참이슬 한 모금에
사임당과 웃는다

잃어버린 청춘

마음이 허전해 돌아봤더니
내 청춘 어딘지 간 곳 없구나

어디에 있을까 찾아 헤매도
황혼에 노을만 비추고 있네

어디서 왔는지 알 수 없지만
입가에 그려진 팔자주름이

머리엔 하얗게 흰 구름 뜨고
발걸음 느리게 걷고 있어요

내 청춘 어디에 어디 있을까
목메게 불러도 대답이 없어

청춘아 내 청춘 가지를 마라
구름에 기대어 쉬었다 가세

해 봤냐 1

동산 마루 아침 산책이다
솔밭 속 포근한 자리에
새벽이 눈을 뜬다
사랑하는 사람과
산을 오르다가
동쪽 끝자락에서
붉은 모자를 눌러쓴 태양이
홀딱 벗은 알몸으로 산을 오른다
사랑하는 사람아 해 봤냐
물어본다 답은 해 봤다
찬란한 아침 해가 덩그러니
즐거워서 웃는다

2023. 11. 23.
김재천 유현숙 토크 中 착안
(유현숙—해 봤냐 中)

해 봤냐 2

사랑하는 사람과
동산 중턱쯤을 오르다가
운해가 짙게 깔린
수평선 끝에
붉은 모자를 눌러쓰고
홀딱 벗은 알몸으로
산을 오르는 태양을
바라본다
사랑하는 사람아 해 봤냐
답은 해 봤지 너와 같이
찬란한 아침 해가 덩그러니
즐거워서 웃는데

2023. 11. 23.
김재천 유현숙 토크 中 착안
(유현숙—해 봤냐 中)

새벽 찬 이슬 맞으며

해설픈 봄날 푸른 동산에
개나리 진달래 곱게 피어서
바람에 꽃향기 날리면
벌 나비 날아들어 춤추며 놀고
새들에 노랫소리 장단 맞추어
재잘대며 날개 펴고 날아드는데
여름가고 가을이 오면
앞내가 송사리 떼 지어 놀고
개여울 물소리에 번득거리고
황금벌 밭마다 주렁주렁
열매 익는 향기
가는 발을 더디게 하네

내 인생의 봄날

언제나 영원할 것 같았던 청춘
지나간 세월이 청춘이 없다면
돌아오는 세월도 청춘이란다

내 인생의 봄날은 언제나 청춘
청춘아, 늙지 말아라.
호박같이 둥근 세상

둥글둥글 살아가는 세월
그 세상 어떤 많은 추억도
지금, 이 순간이 제일이란다

제4부

머리 위에 흰서리 하얀 꽃송이 이고

어머니의 창

아침이 밝았습니다
햇빛이 어머니의 창을
비춥니다

정남향 어머니의 방
창을 밝힙니다

상여소리가 멈춘
어머니의 마당 가엔
아침을 여는 어머니
모습이 보입니다

꽃 피고 새 우는 봄이 되면
보리밭 골 연두색
생강나무 노란 꽃 피고

축 늘어진 버드나무
번질번질 강아지 살찌워
봄소식 전할 겁니다

아직도 어머님이 쓰시던
정한수 물그릇
녹슬지 않았습니다

엄마의 정원

어머님이 계신 아름다운 집
창 너머로 보랏빛 물결이
일렁입니다

형제 자손들 모여
정원 가꾸는 손 아름답습니다

고라니 꿩 노루 산까지
이따금 너구리 오소리 다람쥐
찾아와 문안하네요

심술이라도 부리는 듯
멧돼지 떼들 저희들 세상인 양
정원을 습격했네요

트랙터가 지나갔을까
밭이랑이 생겼고
전쟁터같이 어수선해

소녀같이 마음 여리신
어머니 얼마나 무서우실까?

괜스레 쓸쓸한 마음
오금 저려 옵니다

팔십 성상이 지난 오늘날
철부지 여덟 살 아이처럼
한 맺혀 불러 보는
어머니 어머니

* 벌초를 마치고 씁니다.
  1922년 8월 13일

해무(海霧)

사랑할 때도 안아 주고
슬퍼할 때도 안아 주고
외로울 때도 안아 주며
처음으로 젖꼭지를
부끄럼 없이 물려 주신
나의 첫사랑 울 어머니
철없던 어린 시절
잘되란 말 울 어머니
아침저녁 들을 때면
야속만 했었는데
이제와 새삼 이 나이에
어머님 모습 그려 봅니다
흰머리에 굵은 주름
나날이 늘어 가는 모습
불효한 지난날을
무엇으로 갚사오리
상여소리 횟소리
멈춘 지 오래인데
아직도 귓가에는
은은히 들립니다
엎드려 통곡해도 소용없는
보고픈 울 어머니

아침 안개 가물가물
보이지 않는 어머니
해무(海霧)에 잠드셨나

길

너에게 길을 묻는다
구름이 흘러가는 곳은
하늘 가장자리

물길은 높은 곳에서
낮은 곳으로
새들도 나는 길이 있으니
허공 속에서 길을 찾는다

인생이 가는 길은
보이지 않는 안개 속
이 모든 길은 모두가
진리의 길이다

유성처럼

뜬구름 잡으려
산을 오르니
바람이 먼저 찾아와서
흰 구름을 붙들고
실안개가 산허리를
졸라매듯 감으면
가쁜 숨을 내쉬고
밝은 태양 따라 사르르
삼복더위를 피하여
피서 온 참매미
나무 그늘에 모여 앉아
배가 터지도록
울어 대는 울음소리
목이 타서
한 모금 이슬을 빨대로 빨아
마른 목을 적시고
흰 구름 따라 유성 되어
흐른다

지름길

앞만 보고 뛰어라
앞만 보고 뛰는 것이
지름길일까

인생의 종착역은
지름길이 어디일까
지름길이라 앞만 보고
뛰지를 마라
지름길은 가시밭길
덤불길이다
굽히고 찢어지고

상처 날 테니
돌아가는 길이라도
쉬엄쉬엄 가시구려

가다 보면 꽃 피고 새 울고
벌 나비 춤추는 날 있을 테니
행복하리라
지름길은 험한 길
가시밭길이다
가시밭길이다

인생의 여로

흘러간 세월 속에
내 인생 반평생이니

가는 세월 탓하지 마라
오는 내일 또 있으니

믿고 사는 믿음 속에
즐거움이 올 것이라

웃으며 살고 즐겁게 살자
꿈을 안고 살아가자

지나가는 세월이
꿈뿐이더냐

다가오는 내일에
희망도 있다

청춘

세월 따라 흘러간 청춘
아름답던 내 청춘
어디로 갔나
홀로 떠난 내 청춘을
찾아보려고
봄 처녀 따라가서
물어보지만
방끗 웃는 꽃님이
세월이라네
내 청춘 데려간 세월
세월아 돌려다오
내 청춘을
데려간 세월은
대답이 없고
저 혼자 저 멀리
가고 있구나
떠나간 청춘은
왜 찾고 있나요
지나간 세월을
원망하지 말아요
유유히 흘러가는
강물 같으니

노년의 삶

내 인생 어디쯤 왔을까
머리 위에 흰서리
하얀 꽃송이 이고
하염없이 걷는 길

걸어온 길 알 수 없고
가야 할 길은 어디일까

부평초같이 뿌리 못 내리고
물 위에 떠 있는 어항 속
인생은 아닐는지

새벽닭 울음소리 홰치는 소리가
또 하루가 시작되는데 나
이제껏 살아온 길
수탉이 홰를 몇 번을 쳤을까
내 노년의 삶은
누구도 대답해 주지 않는데
홰치는 날개 속에는
매일매일 새 아침이 다가오는데

황혼의 가을 밤나무

바람이 분다 가을바람이
비가 내린다 가을비가
촉촉하게
뜰 앞에 고목 된 밤나무
포근한 가시 품에서
알밤을 떨구고
고슴도치가 되어
땅 위에 뒹굴고
청춘을 잃어버리고
단풍 길을 지나
늙은 낙엽으로
일생을 마감하고
갈퀴에 긁히고
빗자루에 쓸리고 모아져
이 땅에 자양분으로 돌아간다

황혼의 모자를 눌러쓴 가을도
일생을 마무리하는 11월
동장군 앞에선 어쩔 수 없이
고개를 숙일 수밖에
나목으로 남아
가을 빗속에 발~발
떨고 있다

제5부

흥겨워 노래 부르리

내 인생은 불사조

빠른 세월에 흘러간 청춘
나는 나는
힘없는 사람이 되어
낯선 날들을 대할 때마다
내 청춘이 그리워진다
좋았던 그날이
다 지나가고
낯선 오늘날에는
개척해야 할 수많은 일들이
태산처럼 쌓여있구나
오늘 하루도 저물어 가는데
서산에 노을만 붉게 탄단다
내일의 희망을 가슴에 품고
오늘도 잠자리에
깊이 잠든다
좋은 꿈을 꾸고서 다시 일어나
내일도 희망 있다 힘차게 뛰자
보람된 내일 위해
열심히 뛰자
내 인생은 영원한
불사조니까

작사 이장기
작곡 송결

이슬

밤새워 울었는가
새벽 풀잎에 흘린
눈물 한 방울

창문을 때리는
별빛의 아우성소리에
글썽이다 흐른다

너의 영롱한 모습에
아름다운 고운 빛을
밤새워 눈물 흘리고
아침을 맞았는가

이슬 한 방울 글썽이다
그렁한 눈물 짜내고
마른 목을 적실까
노래하는 베짱이처럼

작사 이장기

세월을 붙잡고

1
지나간 세─월 지나간 청─춘 소리 없이 가─는 세월
탁구공처럼 어디로 튈지 모─르는 말괄량이 같은 세월
붙잡고 붙들고 어루만지고 저 넓은 광야를 달려가 보자
어깨동무 나란히 가슴을 펴고 내 청춘 못 가게 세월을 잡아
지나간 날보다 다가올 날이 더욱더─ 행복할─테니

2
지나간 세─월 덧없는 청─춘 속절없이 가─는 세월
고삐 풀─린 망아지처럼 어─디로 튈지 모르는─ 세월
내 너를 붙잡고 얼싸안으며 힘차게 광야를 달려가 보자
지난 과거 다 잊고 가슴을 열고 내 청춘 못 가게 세월을 잡아
내 삶은 주인은 바로 나야 나 청춘의─ 노래 부─르자

작사 이장기
작곡 송결
노래 김세준

인생을 노래하다 1

내가 살아온 길이
가시밭길이면
지나간 일들은 생각을 말자

알콩달콩 살아온 길 너무 정다워
그리워진다 지난 세월이

인생에 역전이 되려나
기다려지는데

기억도 잊어버리고
해 저무는데
어슴푸레 달은 뜨려나

해는 뜨지 않아도 달이라도
좋다
내 맘에 비춰만 다오~

해는 뜨지 않아도 달이라도
좋다
내 맘에 비춰만 다오~

작사 이장기

인생을 노래하다 2

내가 살아온 길이
꽃길이었다면
지나간 세월을 원망을 말자

낙엽 떨어지는 길 걷다 보면은
눈물이 저절로 난다

인생에 역전이 되려나
기다려지는데

눈가에 주름지고 해 저무는데
어슴푸레 달은 뜨려나

해는 뜨지 않아도 달이라도
좋다
내 맘에 비춰만 다오~

해는 뜨지 않아도 달이라도
좋다
내 맘에 비춰만 다오~

작사 이장기

농요—농부

1.
농부로 태어났소 농사지으며
밝은 태양이 비춰 오면은
호미 들고 괭이 메고 논밭에 가요
부드러운 논밭에서 사랑 쌓으며
새싹을 가꾸고 김을 매면서
풍성한 가을 결실 기다리련다

2.
처음부터 노부였소
밭갈이 하리
따뜻한 태양 비춰 오면은
소 몰고 쟁기 메고 밭으로 가요
밭이랑 곱게 갈아 행복 쌓으며
새싹을 가꾸고 김을 매면서
즐거운 가을 결실
기다리련다

작사 이장기

청춘을 돌려다오

한겨울 기다려왔다
내 젊은 청춘을

싱그러운 나의 청춘
어디로 갔을까
입춘 지나 봄이 오면
새봄이 온다 청춘이 온다

마음에 빗장을 열고
기다려 온 시간
봄에게 물어본다
내 청춘 간 곳을
새봄이 빙그레 향기로 답하길
세월에게 물어보란다
내 청춘 데려간 세월아
나에게 돌려주렴
내 젊은 청춘을

작사 이장기

농요(밭갈이)

1.
논밭갈이 밭 쟁기가
등이 휘어도
따르는 밭이랑이
너무나 고와
곱게 곱게 다듬어서
씨를 뿌리어
성애채에 사랑 담아
돌아옵니다
추수하는 농부 손길
분주해지면
온 마을 웃음꽃
술잔에 담네

2.
호밋자루 손바닥에
핏기 맺혀도
농부의 길이기에
원망도 없다
자라나는 곡식들에
감사하면서

이랴 이랴 소몰이노래
즐겁습니다

가을이라 풍년 되어
추수할 적에
사임당이 춤을 추며
달려옵니다

작사 이장기

세월

흘러가는 세월이 너뿐이더냐
인생도 너와 같이 흘러간단다
지나간 날 살아온 길 돌아다보니
꽃밭에 피는 꽃을 본 적 있는데
그 꽃이 피고 지고 몇 해이더냐
헤아릴 수 없는 순간 지나간 세월
즐거운 날들과 슬픈 사연들
갈피 속에 숨겨 놓고
못다 한 정 나누며 살아온 길
즐거운 오늘날을
어디에 비할까
더도 말고 덜도 말고
오늘만 같이
웃으며 살아갑시다
이 세월이 다 가기 전에

작사 이장기

정

새 떠나간 자리엔
둥지만 남아 있고

정 떠난 빈 가슴엔
미련만 남아 있네

새 떠난 가지에는
나뭇잎 흔들리고

정 떠난 이 가슴엔
아픔만 저려 오네

에에라 잊고 살자
미련도 버려 보자

오직이 나의 갈 길
내 인생뿐이려니

작사 이장기

가을 오는 소리 2

냇물이 흘러가듯
흐르는 여울목
흘러가는 물소리
들리지 않느냐

맑은 물에 내 마음
퐁당 던져 놓은
꿈같은 세월이 맑게도 흘러

꿈결 같은 옛 노래를
멜로디 오선지에
줄줄이 써놨다가
흥겨워 노래 부르리
노래 부르리

작사 이장기

● 해설

삶 속에 묻어나는 언어의 향연
— 이장기 제2시집 『세월을 붙잡고』 해설

김천우
(시인 · 문학평론가 · (사)세계문인협회 이사장)

 이장기 시인은 강원도 횡성에서 목가(牧歌)적인 삶의 터전에 자리하면서 시와 작사, 시 낭송 및 악기 연주 등 예능의 전 분야를 통달하는 다재다능(多才多能)한 예술가이다. 그가 열정적인 낭만을 노래하는 영혼이 아름다운 시인임에는 틀림이 없다. 팔순 기념으로 제1시집 『내 인생의 봄날』을 발간하고 노랫말도 틈틈이 습작하여서 〈세월을 붙잡고〉 작사 앨범도 출시할 만큼 연륜과 내공이 탄탄한 재능과 저력이 실로 대단하다. 또한 천장지구(天長地久), 하늘과 땅이 영원무궁 변함이 없는 것처럼, 시인의 낭만과 서정을 노래하는 시, 작사, 낭송의 세계는 자신의 삶터 자체가 자연과 문학, 음악, 예능의 결정체(結晶體)임을 드러내는 증거이다.

 이장기 시인의 시집을 몇 번이고 곰삭혀 읽다 보면 청하(淸夏) 속에 누운 듯, 영혼이 맑게 헹구어지는 느낌을 받는다. 그만의 독특한 청량제 조제기가 바로 언어의 향기가 아닌가 싶다. 글을 쓰는 것은 그 사람의 자화상을 글로써 표현하는 것이며, 자신의 생각과 사고하는 가치관을 작품을 통하여 아낌없이 배출하는 것이다. 그렇기에 시인의 작품 세계에는 소박하고 향토적인 정서가 고스란히 작품마다 젖어 들어 있다. 시처럼 음악처럼 자연과 더불어 최선을 다하여 살아가는 모습들이 투명 거울에 비춘 듯 선명하게 비친다. 선하고 진솔한 마음자리가 풍경화처럼 넉넉하고 수려하다.

시(詩)가 아름다운 것은 화자의 내면세계도 그만큼 인간적이고 풍부한 사랑으로 가득함을 의미한다. 좋은 시를 빚어내는 좋은 사람, 시인의 인성 속에서 빛나는 탐구력과 체험, 현실이 언어를 통하여 꾸밈없이 나타나고 있다. 얼마나 멋진 시인이고 멋진 시인가?

이번에 상재하는 제2시집 『세월을 붙잡고』는 희로애락(喜怒哀樂), 즉 사람이 살아가면서 느끼는 네 가지 감정 기쁨, 노여움, 슬픔, 즐거움을 가슴으로 받아들인 시인의 이야기이자, 우리네 인생가(人生歌)이다. 이장기 시인의 넉넉하고 수려한 마음 한 자락에도 고독과 외로움이 세월의 틈 사이로 자신도 모르는 사이 파고들기 때문일 것이다.

회자정리(會者定離). 사람은 누구나 만나고 반드시 헤어지는 것이 당연하다. 그러나 상처받지 않고 건강하게 살아가는 것이 모두의 염원이자 희망 사항이니, 시인이 속마음 활짝 열어 놓고 써 내려간 시집 속에 "이런들 어떠하리. 저런들 어떠하리." 하늘이 시키는 대로 담담하게 받아들이는 시인의 열린 의식이 돋보인다. 청산처럼 푸르고 청빈하다.

작품 65편에 담긴 시인의 숨결에 귀 기울이며, 시인이 세월을 붙잡아 놓은 영혼의 집으로 차근차근 들어가 보자.

여름이 떠나가고
남녘에서 남쪽으로
입추 절기를 맞아
가을에게 자리 넘겨주고
미련 없이 사라집니다

여름은 저만치
속절없이 떠나갑니다

남쪽으로 여름 따라
그곳에 당도하면
봄이 기다리고 있을까

막연한 꿈을 안고
수상한 여름은
굿바이, 인사합니다

―「계절 따라」 전문

  이장기 시인의 여름은 초연하고 담담한 계절을 노래하고 있다. 지독하게 무더웠던 여름을 원망하고 질책하기보다는 차라리 작별을 서운해하는 시인의 순진무구한 마음을 전하는 작품이다. 이별은 슬픈 것이지만 남쪽 나라에서 다시 재회하는 상상의 나래가 아득하고 쓸쓸한 마음을 숨기지 못하는 것 같다. 막연한 꿈을 안고 수상한 여름이 굿바이, 인사한다는 것으로 마침표를 찍으니 시인의 마음도 뭔가 아쉽고 처연한 그 알 수 없는 여백을 말해 준다.

> 무명 치마 옥색 저고리
> 치렁치렁 댕기 머리에
> 진달래 아가씨 봄바람 났네
>
> 산새 들새 뻐꾸기 울면
> 밤나무 꽃 피는 유월
> 꿀벌 떼들 꿀 바람 날까?
>
> 울긋불긋 단풍이 들어
> 오곡백과 무르익는다
> 풍년 왔네! 풍년이 왔어
>
> 북풍한설 찬바람 불어
> 산과 들에 흰 눈 내리니
> 바로 바로 겨울이란다

―「봄 여름 가을 겨울」 전문

자연과 밀접한 이장기 시인의 문학 인생은 날마다 새순이 톡톡 돋아나듯, 신비로운 풍경들과 대화하고 체험하며 자신을 다스린다. 그의 작품에서는 절로 흥미진진한 세상 이야기와 자연이 들려주는 소박한 밀애(密愛)가 뜨겁게 흘러나오며 감성 온도의 촉수를 달구고 있다. 새벽에 일어나 먼 산을 바라보며 숲과 인사를 나누고 새소리 물소리 바람 소리에 하루가 시작되고 있음을 알려준다. 천국과 지옥은 자신이 만들어 가는 것, 행복과 불행도 자신이 살아온 만큼 주어지는 과제라고 생각한다.

 이번 시편에서는 사계(四季)의 느낌과 화자의 심경을 고스란히 조명해 주는 계절 미학의 오케스트라 연주 같은 풍요를 만끽할 수 있다. 무명 치마 옥색 저고리라는 어원 속에 봄을 알리는 신호음이 들리고 진달래 아가씨 봄바람에서부터 유월의 창(窓)가에 뻐꾸기 울어대고 꽃단풍 물들이는 만추의 가을은 풍년을 알려주는 농악대 신바람 나는 울림이 들려오는 듯하다. 북풍한설 찬바람 불어올 때면 산과 들에 흰 눈 내리는 동화 같은 아름다운 사연을 숨김없이 펼치는 시인의 가슴은 온통 자연색으로 물들어 간다. 글은 그 사람의 마음 밭을 전해 주는 진솔하고 투명한 자화상인 것을 한 편의 작품으로 독자들에게 심중을 노래한다.

 다음 시편은 가을로 가는 길목을 노래하고 있는 작품을 만나보자

  귀 열어 가을이 오는 소리를 들어라
  가을 발자국 소리 들리지 않느냐?

  눈을 떠서 하늘빛을 보아라
  단풍 물드는 것이 보이지 않느냐?

  치악산 아기단풍 곱기만 한데
  붓끝으로 꼭 찍다가

  화선지 속에 꼭꼭 숨겼다가
  먼 훗날 꺼내 보리라

낭만의 계절 서울 여행길 떠나며
강물 소리 듣는다

시몬의 가을 노래 그리운 날

― 「가을이 오는 소리」 전문

이장기 시인은 자연 친화적인 서정과 향토를 사랑하는 순수서정시인이다. 강원도라는 청정 지역에서 산, 숲과 계곡, 물소리, 바람소리, 갖가지 야생초와 들풀의 합창 소리에 늘 무릉도원을 접하는 시인은 마음이 행복한 시인이다. 도시에서 살아가는 사람들이 가장 부러워하고 그리워하는 전원(田園)의 시인이 아닌가 싶다. 문학의 진정성 있는 바탕은 삶의 여정(旅程) 속에서 피고 지는 꽃이라 명명하고 싶다. 시인의 시편들은 대부분 자연과 사랑 그리고 인생사를 그린다. 그 세월의 연륜이 시편마다 차곡차곡 울림을 준다. 시인에게 시(詩)는 그의 청춘가를 대변하는 최고의 선물이라 생각한다. 그만큼 시와 음악을 통하여 자신의 삶을 투영시키는 모습들이 숭고하게 보인다.

두툼하게 굳어 버린
겨울 땅을 뚫고 올라와
겨울잠 깨우느라
수줍은 듯 솟아올라
봄을 맞이하는
수선화

향기라도 있으면

나비라도 날아올 텐데
향기 없이
피어난 꽃으로
무엇을 유혹하는가

짧은 목 길게 빼고
누구를 기다리는 것인가?
담 모퉁이에 피어나는
외로운 한 송이
수선화여

―「수선화」 전문

　시인의 「수선화」 시편을 몇 번이고 속살을 더듬어 본다. 수선화; 나르시서스(narcissus)의 꽃말은 자기애(self―love) 즉 존재의 용기 그리고 재생이다. 그리스 신화에 등장하는 나르시스라는 신화에서 유래된 꽃말이지만 자기 자신을 사랑하는 강인한 내면의 힘과 자기만의 고독함을 상징하는 섬세하고 고운 꽃이 바로 수선화이다. 봄의 시작점을 알려주는 싱그러운 꽃이라 사람들에게 사랑받을 수 있는 요인을 골고루 갖추었다고 본다. 이장기 시인의 수선화 시편에서는 있는 그대로의 숨김 없는 표현법이 눈길을 끈다. 아름답지만 향기가 없는 꽃을 안타까워하는 화자의 마음이 매우 정감 깊게 전해 온다. 향기도 없이 피는 꽃이거늘 무엇으로 유혹하는지 궁금해하는 시인의 갈증이 더욱더 수선화를 사랑하는 마음이 아닌가 싶다.
　자연물을 대하는 시인의 애틋하고 다정한 마음가짐은 다음 시편에서도 잘 나타난다.

나는 작은 바람이 되어
문틈으로 새어 들어가
문풍지를 울립니다

가슴 벌렁거리는 숨소리
당신이 그리워질 때
이불 홑청 뒤집어쓰고

새벽 찬 이슬 내릴 때면
탱글탱글 익어 가는
뽀얀 갈포도 송이

하얀 분칠한 포도알
달콤한 사랑 느낍니다
향긋한 갈포도 향
그리운 날

—「갈포도 사랑」 전문

 포도를 재배하면서 정성스럽게 가꾸다 보니 어린 자식을 대하듯 사랑이 포도알처럼 영글어지는 작품이다. 군침이 돌 정도로 생생한 표현과 갈포도 익어가는 과정들이 사뭇 정겹고 포근하게 울림을 전해준다. "나는 작은 바람이 되어/ 문틈으로 새어 들어가/ 문풍지를 울립니다" 얼마나 애틋하고 서정적인 표현인가. 갈포도 송이만큼 애잔한 사랑의 노래가 싱그럽고 달달하다.

천년을 하루같이 살아온
짙푸른 너의 곧고 굳은 삶

수많은 사연을 덕지덕지
　　감싸고 빨간 속살 감추며
　　갑옷으로 갈아입고

　　가지 위에 백로 한 마리
　　마냥 즐겁기만 한데

　　바람이 일어날 때면
　　솔잎 사이에 송화는

　　송화운이 되어
　　호수에 던진 혼

　　숨죽여 잔잔히 일렁이네

　　　　　―「송화(松花)」 전문

　화자가 노래하는 '송화'의 의미가 바람결에 날아오는 듯 여러 가지 풍경들이 스쳐 지나가고 있다. 송화는 소나무의 꽃을 일컫는 말이며, 독특한 가루에서 나는 단맛과 향긋한 향을 가지고 있다. 다식을 만들거나 차를 우려낼 때 이용되는 유용한 식물 중 하나이다. 이장기 시인의 전원생활에는 팔색조의 식물들과 나무, 숲의 소곡이 사계절 시인의 뜨락에서 동고동락(同苦同樂)한다고 해도 과언이 아니다. 그만큼 시의 소재가 풍부하고 부요한 나날을 맞이하고 있으니 얼마나 선택받은 일인가? 도시 문인들이 부러워할 모든 조건을 골고루 갖춘 자연의 만물박사라 칭하고 싶다.
　화자의 작품을 조각할 때마다 나도 모르는 사이 자연

인으로 돌아가는 느낌을 받으니 누이 좋고 매부 좋은 격이라 영혼이 더욱 정화되고 건강해지는 것 같다.

> 섬이 바다 깊숙이 뿌리박고
> 잠겨 있습니다
> 범섬이 보입니다
>
> 범섬을 보니 조용한
> 내 가슴이 자연히 설렙니다
> 짙은 안개 해무 속에
> 보일락 말락 숨바꼭질하고
>
> 한때는 범섬으로
> 한때는 사자 같기도 하던
> 섬이 바다에 잠깁니다
> 범섬이 자맥질합니다
> 범과 사자의 싸움
> 으르렁거리는 파도에
> 펄럭이는 사자의 갈기
>
> 번뜩이며 펼쳐 보이는
> 범섬의 눈앞에 풍경은
> 참 아름답습니다
>
> ―「범섬의 의미」 전문

'범섬'이라는 단어가 생소하여 인터넷에 검색해 보니 서귀포시에 있으며 성산일출봉과 비슷한 형태의 독특한 모습을 자랑하는, 관광객들의 선호도 높은 '신비의

섬'이라 불린다. 지리적으로도 절벽으로 둘러싸여 있으며 절벽 위에는 숲들이 풍성하게 풍광을 자랑하고 있어 더욱더 감성이 묻어나는지도 모른다. 이장기 시인의 범섬이 가리키는 의미는 참으로 정갈하면서도 맑고, 맑으면서도 절경을 이루는 모습들이 시와 접목할 수 있는 아름다운 시적 미화가 아닌가 싶다. "짙은 안개 해무 속에/ 보일락 말락 숨바꼭질"의 의미와 반전되는 다음 연에서는 "범과 사자의 싸움/ 으르렁거리는 파도에/ 펄럭이는 사자의 갈기"로 표현하였다. 화자의 마음 또한 극과 극의 가슴을 안고 살아가는지도 모른다고 볼 수 있겠다. '범섬'의 풍경이 눈을 감아도 선연하게 그려지는 것은 시편의 묘사가 풍경처럼 세세하고 아름답기 때문이다.

　　이 세상 살기 바빠서
　　내 사랑 남겨둔 채로
　　마음 졸이며 살아온 세월
　　그날이 애타고 안타까워라
　　새벽 창가에 앉아서 기도합니다

　　훈훈한 사랑이 활화산 같은데
　　아들내미 딸내미 남겨 놓고
　　돈 벌어 돌아오마 하던 말이
　　이제는 돌아갈 날 기다립니다

　　다시 만나 행복하길 빌고 빌면서
　　비행기 여행권 끊어 놓고
　　그날을 기다립니다

귀국선 독일 파견 시절
가슴 아픈 사연 회상하면서

　　　　—「귀국선」 전문

　역사적인 독일 파견 시절, 가슴 아픈 사연을 기리며 쓴 시편이라 더더욱 감명 깊게 감상할 수 있었다. 파독 광부, 간호사 해방 귀국 탑승자, 다문화 위탁 가정 등 기나긴 여정의 주역들을 재조명하는 뜻글이 담겨 있어 감회가 깊다. 이장기 시인의 가슴에서 떠올리는 그때 그 시절 해방을 맞이하는 감격의 순간, 귀국선을 기다리며 얼마나 들뜬 마음이었겠는가? 현인 가수가 부른 그 시절 그 노래 중 일부분을 떠올려 본다.

　돌아오네 돌아오네 고국산천 찾아서/ 얼마나 그렸던가 무궁화꽃을/ 얼마나 외쳤던가 태극　발을/ 갈매기야 웃어라 파도야 춤춰라/ 귀국선 뱃머리에 희망은 크다/ 돌아오네 돌아오네 부모형제 찾아서/ (……) 얼마나 싸웠던가 우리 해방을/ 얼마나 찾았던가 우리 독립을/ 흰 구름아 날아라 바람아 불어라/ 귀국선 피도 위에 새 날은 크다

　　　　— 가요 〈귀국선〉 가사 일부

　형용할 수 없는 화자의 가슴 한편 응어리가 「귀국선」 시편에 담겨 먼 메아리처럼 허공을 나부낀다. 팔순을 세월을 얼마나 붙잡고 싶었을까. 시인의 삶 자체가 한 편의 소설 같은 이야기이자 인생의 봄날인 것을. 이 한 권의 시집을 통하여 적나라하게 드러난다. 강물처럼 풀어놓은 이야기는 끊임없이 흐르지만 더없이 진솔하고 담

백하다.

  다음은 사랑의 연가를 들어보자

    나는 너를 사랑하고
    너는 나를 사랑한다

    사랑하고 있어도
    자꾸 사랑하고 싶고
    너도 자꾸 사랑한다고 한다

    밤새도록 사랑하고 있을까
    혼자 짝사랑하고 있을까

    너는 나를 사랑한다고 하고
    나도 너를 사랑한다고 한다

    우린 서로 사랑할 거라고
    사랑하다 깊이 잠든다

          —「너와 나의 사랑」 전문

  아낌없이 퍼부어 주는 사랑을 노래하는 작품이다. 팔순을 넘어서다 보면 사랑이라는 단어가 얼마나 고귀하고 소중한 것인지를 시인은 잘 알고 있다. "나는 너를 사랑하고/ 너는 나를 사랑한다" 굳이 어떤 수식어가 더 필요하겠는가? 어떤 부연도 어떤 회유도 파고들지 못하는 사랑의 연시가 시인의 열정을 더욱더 뜨겁게 달구고 있다. 인생의 황혼에도 이렇게 지고지순(至高至純)

하게, 더없이 높고 순수한 사랑의 말을 표현하는 작품이 따스하고 온화하다. 이장기 시인의 사랑은 화려하지 않지만 순박하면서도 우직한 사랑법으로 상대방을 감동하게 한다.

> 눈비 맞으며 모진 바람에도
> 흔들리지 않고 살아온 나의 삶
> 험한 산비탈 마다 않고 서 있는
> 늘 푸른 한 그루 소나무
> 덕지덕지 철갑을 두르고
> 마디마디 옹이 깊이 박혀
> 비가 오나 모진 바람이 부나
> 눈이 내려도 올 곳이 한 곳만
> 바라보며 살아온 나의 삶
> 아름다운 금수강산
> 늘 푸른 아름다움에
> 튼튼한 뿌리로 버티고
> 오늘도 바위틈 뚫으며
> 겨울 추위를 견디고
> 봄을 기다리며 변치 않는
> 푸른 기상을 간직한 채
> 우주의 많은 생각들
> 차곡차곡 나이테에 쌓아 놓고
> 더 굵은 옹이가 되어
> 속 고갱이까지 깊이깊이
> 박히리라
>
> ―「나의 삶」 전문

화자의 시를 읽다 보면 저절로 푹푹 빠져드는 이끌림이 참 좋다. 작가명을 쓰지 않아도 누군지 알 것만 같은, 그의 시 세계는 된장 뚝배기 같은 감칠맛 나는 깊은 맛으로 감동과 정감을 준다. 사람은 누구나 자기만의 개성과 창작력을 지니고 있지만 확연하게 자아를 연출하는 작품을 쓰기란 쉽지 않다는 뜻이다.
  이 시 한 편으로 화자가 살아온 뒤안길과 일생 동안 일구어 온 삶의 질곡이 꾸밈없이 나타나 있으며 삶 속에 그만의 진리와 숭고한 인생철학이 연연마다 징하게 배어 있다. 글을 쓰지 않고는 인생을 노래할 수 없고, 노래하지 않고는 넉넉하고 여유로운 터전을 일구기 힘들다.

  "눈비 맞으며 모진 바람에도/ 흔들리지 않고 살아온 나의 삶", "오늘도 바위틈 뚫으며/ 겨울 추위를 견디고/ 봄을 기다리는 변치 않는/ 푸른 기상을 간직한 채", "더 굵은 옹이가 되어/ 속 고강이까지 깊이깊이/ 박히리라"라고 울부짖는 듯 함성이 골짜기를 가득 메우고 있다. 나의 삶, My Way. 이장기 시인이 지금까지 일구어 가는 무릉도원이 아닐까 생각한다. 앞으로도 시인의 필력, 그 위력이 삼천리 방방곡곡에 닿기를 간절히 기도하는 가을의 초입이다.

  언제나 영원할 것 같았던 청춘
  지나간 세월이 청춘이 없다면
  돌아오는 세월도 청춘이란다

  내 인생의 봄날은 언제나 청춘
  청춘아, 늙지 말아라.
  호박같이 둥근 세상

둥글둥글 살아가는 세월
그 세상 어떤 많은 추억도
지금, 이 순간이 제일이란다

―「내 인생의 봄날」 전문

우리네 인생의 봄날은 언제까지 유효할까. 인생을 소환해 보는 작품이다. 첫 시집 상재쯤에도 화두로 떠올랐던 시인의 내면 깊은 곳에서 우러나는 관철력(觀徹力)은 꾸밈없는 농부의 마음에서 출발했다.

이 세상의 모든 상황이 영원한 것은 없지 않은가? 사랑도 미움도 만남과 이별, 그리고 아픔과 기쁨, 모든 것이 하늘의 뜻이거늘 거역할 수가 없으니 참으로 한탄스럽고 안타까운 심경을 노래한 시편이라 눈길이 갔다.

세월은 사람을 기다리지 않고 강물처럼 흘러만 간다. 노장이신 이장기 시인이 젊은 날의 봄날을 그리워한다고 생각하니 시리고 아프다. 그러나 시인은 좌절하지 않는 존재이다. 살아 있는 모든 순간이 제일이고 청춘이라는 화자의 희망은 늙지 않는다. 영원히 봄날이다.

둥글둥글 살아가는 세상 속에서도 시를 쓰고 작사를 하고 소리 문학으로 자신을 알뜰살뜰 연마하는 모습들이 보기가 좋다. 화자는 어르신이 아니요. 노인도 아니요. 가슴으로 글을 쓰는 시인의 모습으로 담담하게 살아간다. 그 멋진 풍경들이 산수화보다 거룩하고 아름답기까지 하다.

다음으로 살펴볼 시편은 만인이 공유하는 슬픔, 어머니를 향한 그리움을 대신 노래하고 있다.

아침이 밝았습니다
햇빛이 어머니의 창을
비춥니다

정남향 어머니의 방
창을 밝힙니다

상여소리가 멈춘
어머니의 마당 가엔
아침을 여는 어머니
모습이 보입니다

꽃 피고 새 우는 봄이 되면
보리밭 골 연두색
생강나무 노란 꽃 피고

축 늘어진 버드나무
번질번질 강아지 살찌워
봄소식 전할 겁니다

아직도 어머님이 쓰시던
정한수 물그릇
녹슬지 않았습니다

—「어머니의 창」 전문

  어머니를 향한 시인의 사모곡이 못내 서럽고 그리움의 강(江)을 건너듯 아련하게 사무친다. 어머니 정한(情恨)이 구구절절 마디마디 애통하고 아려 오는 대목들이 가슴을 헤집고 들어오고 있다. 이장기 시인의 정 깊은 모정(母情)의 세월 앞에 무슨 말이 필요할까? 그만큼 화자의 심경이 꾸밈없이 심금을 울리고 있음이다. 어머니 창에 빛이 들고, "아직도 어머님이 쓰시던/ 정한수 물그릇/ 녹슬지 않았"다는 그 말 한마디. 이 세상 모든 이들의 어머니를 꺼내 보는 추억의 장(場)이다.

어머님이 계신 아름다운 집
창 너머로 보랏빛 물결이
일렁입니다

형제 자손들 모여
정원 가꾸는 손 아름답습니다

고라니 꿩 노루 산까지
이따금 너구리 오소리 다람쥐
찾아와 문안하네요

심술이라도 부리는 듯
멧돼지 떼들 저희들 세상인 양
정원을 습격했네요

트랙터가 지나갔을까
밭이랑이 생겼고
전쟁터같이 어수선해

소녀같이 마음 여리신
어머니 얼마나 무서우실까?

괜스레 쓸쓸한 마음
오금 저려 옵니다

팔십 성상이 지난 오늘날
철부지 여덟 살 아이처럼
한 맺혀 불러 보는
어머니 어머니

* 벌초를 마치고 씁니다.
  1922년 8월 13일

— 「엄마의 정원」 전문

  이장기 시인의 「엄마의 정원」 시편은 마디마디 어버이 사랑이 배어 있다. 팔순의 연륜에도 사무친 모정의 기억은 변함없이 끓어오르는 사모의 정한(情恨)이 되었음을 숨김없이 노래하는 사모곡이다. 얼마나 아름답고 정겨운 그리움의 연가인가? 그 누구도 흉내 낼 수 없는 사랑의 소야곡이 삼천리 방방곡곡에 울려 퍼지는 듯 가슴이 저릿할 만큼 정감이 스며드는 작품이다 그 어느 미사여구(美辭麗句)도 필요하지 않을 정도로 이 한 편의 작품이 시인의 애끓는 하소연을 통째로 전달하는 사랑의 온도가 예사롭지 않다.
  첫 연에서부터 "어머님이 계신 아름다운 집/ 창 너머로 보랏빛 물결이/ 일렁입니다// 형제 자손들 모여/ 정원 가꾸는 손 아름답습니다", "팔십 성상이 지난 오늘날/ 철부지 여덟 살 아이처럼/ 한 맺혀 불러보는/ 어머니 어머니" "벌초를 마치고 쓰"는 화자의 지극한 효심이 새삼 가슴을 울리고 마는 대목이라 시인의 심성과 그리움의 바다가 온통 붉은 황혼의 빛처럼 대지를 적셔 준다.

너에게 길을 묻는다
　　구름이 흘러가는 곳은
　　하늘 가장자리

　　물길은 높은 곳에서
　　낮은 곳으로
　　새들도 나는 길이 있으니
　　허공 속에서 길을 찾는다

　　인생이 가는 길은
　　보이지 않는 안개 속
　　이 모든 길은 모두가
　　진리의 길이다

　　　　　　—「길」전문

　이장기 시인의 시집 후미(後尾)에서 길을 만났다. 문득 생각나는 글이 있어 옮겨 본다. 로버트 프로스트의 「가지 않는 길」을 소개하고자 한다. 화자의 길과 일맥상통한 점들이 많았다.

　노란 숲속에 두 갈래 길 나 있어/ 나는 둘 다 가지 못하고/ 하나의 길만 걷는 것 아쉬워/ 수풀 속으로 굽어 사라지는 길 하나/ 멀리멀리 한참 서서 바라보았지/ 그리고선 똑같이 아름답지만/ 풀이 우거지고 인적이 없어/ 아마도 더 끌렸던 다른 길 택했지/ 물론 인적으로 치자면 지나간 발길들로/ 두 길은 정말 거의 같게 다려져 있었고/ 사람들이 시커멓게 밟지 않은 나뭇잎들이/ 그날 아침 두 길 모두를 한결같이/ 덮고 있긴 했지만/ 아, 나는 한 길을 또 다른 날을 위해 남겨두었어/ 하지만 길은 길로 이어지는 걸 알기에/ 내가 다시 오리라 믿지는 않았네/ 지금부터 오래오래 후 어디에선가/ 나는 한숨지으며 이렇게 말하겠지/ 숲속에 두 갈래 길이 나 있었다고/ 그리고 나는/ 사람들이 덜 지나간 길을 택하였고/ 그로 인해 모든 것이 달라졌노라고

— 로버트 프로스트 「가지 않는 길」 전문

이장기 시인의 길 위에서 동행하면서 이런저런 이야기 나누며 시의 길로 접어들고 있다. 화자의 진심 어린 인생길 무척 궁금하기도 하고 지금까지 걸어온 삶의 뒤안길이 모든 이들이 남겨놓은 회한(回翰)의 물굽이 같기도 하다는 생각이 드는 것은 왜일까? 인생은 가는 길이 보이지 않는 안개 속이라 했다. 그리고 이 모든 길은 모두가 진리의 길이라고 마침표를 찍었다. 자고로 문학의 가치는 연륜이 깊을수록 사고하는 관념의 차이가 달라져 높낮이가 생기기 마련이다. 시인이 보여주는 시의 세계는 평정심(平靜心)을 잃지 않고 초연한 자세로 일관하는 모습이 작가 정신의 표상처럼 아름답다.

월간 『문학세계』로 등단하고 꾸준히 맥을 연결해 가는 그의 진정성 있는 정의로움과 강원도 횡성에서 포천의 천우문학관까지 한걸음에 달려, 시 낭송회에 참여하고 행사마다 빠지지 않는 그의 듬직한 모습에서 워낭소리 울림 같은 감동을 받곤 하였다.

로버트 프로스트와 이장기 시인의 공통점은 길을 인생에 비유하는 것이다. 일관된 주제 속에서 마침내 삶의 진리를 찾아낸 화자의 여정이 아름답다. 그 결정체(結晶體)인 미래도 실크로드(Silk Road), 비단길처럼 눈부시

길 바란다.

  다음 작품은 시인이 작사하여, 24년을 맞이하여 야심차게 출시한 곡이다. 이장기 시인의 예술적 행보는 이미 독자들에게 많은 사랑을 받고 있으며 팔순의 노장임에도 불구하고 이팔청춘의 혈기왕성한 열정을 안고 살아가는 시인으로, 작사가로 자리매김하고 있다.
  곡의 작사는 이장기 시인이 지으셨고 작곡은 〈진또베기〉로 유명한 송결 작곡가, 노래는 모델 출신 김세준 가수가 불러 장안의 화제로 중장년과 노년들의 인기곡으로 널리 알려지고 있다.
  시인의 승승장구하는 행보에 응원과 박수를 보내고 싶다.

1
지나간 세—월 지나간 청—춘 소리 없이 가—는 세월
탁구공처럼 어디로 튈지 모—르는 말괄량이 같은 세월
붙잡고 붙들고 어루만지고 저 넓은 광야를 달려가 보자
어깨동무 나란히 가슴을 펴고 내 청춘 못 가게 세월을 잡아
지나간 날보다 다가올 날이 더욱더— 행복할—테니

2
지나간 세—월 덧없는 청—춘 속절없이 가—는 세월
고삐 풀—린 망아지처럼 어—디로 튈지 모르는— 세월
내 너를 붙잡고 얼싸안으며 힘차게 광야를 달려가 보자
지난 과거 다 잊고 가슴을 열고 내 청춘 못 가게 세월을 잡아
내 삶은 주인은 바로 나야 나 청춘의— 노래 부—르자

                    — 작사 곡 〈세월을 붙잡고〉 전문

이장기 시인의 시편들과 작사 글 속에서 세월의 무게와 살아온 날들의 발자취와 더불어 회한의 뒤안길을 걸어가는 화자의 묵묵한 모습이 보인다. 시와 작사의 장르는 완연하게 다르지만 표현하고자 하는 서정성은 비슷한 맥락을 가지고 있다. 시는 노래가 될 수 없고 노래는 시로 형상화가 되지는 못하여도, 두 장르가 하나로 접목되는 부분에서 장관을 이룬다는 것이 요점이다.

　화자의 마음으로부터 우러나는 진심은 좋은 가사가 되어 팬들에게 공감을 준다. 그 감동의 끈은 끊으려야 끊을 수 없다. 무심한 세월이 얼마나 얄밉고 안타까웠으면 가는 시간을 붙들고 싶었을까? 하는 생각이 든다. 인생사 새옹지마(塞翁之馬)라 사람이 한세상 살아가면서 겪는 일들은 좋은 일이 있으면 반드시 나쁜 일도 있을 것이며, 고독하고 슬픈 일을 겪었다면 반드시 환희에 찬 즐거운 소식도 들려오기 마련이다.

　시인의 구성진 작사 노래 〈세월을 붙잡고〉는 대중들에게 사랑받을 수 있는 충분한 여건을 다 갖춘 작품이다. 이 멋진 노래가 오래오래 최상의 인기가요로 주목받기를 바라며 진심 어린 축하와 응원을 보내고 싶다.
　중년의 사춘기를 맞이하는 사람들 대부분 속절없이 흘러가는 세월을 부여잡고 싶은 것이다. 이장기 시인은 팔순의 나이에도 어린아이 같은 정열이 있는 사나이요, 건강하고 멋진 시인, 작가다. 그의 불도저 같은 행보는 팔순을 지나 구순에도 백 세 인생에 이르기까지 쭉쭉 빵빵 시와 노래가 모여 사는 아름다운 자연 속에서 풍류와 낭만을 즐기는 시인으로 오래도록 자리매김하기를, 마음 가득 기원한다.

다음의 두 편은 우리를 몇 번이고 고향에 데려다 놓는 노스탤지어(nostalgia)의 정수이다.

1.
농부로 태어났소 농사지으며
밝은 태양이 비춰 오면은
호미 들고 괭이 메고 논밭에 가요
부드러운 논밭에서 사랑 쌓으며
새싹을 가꾸고 김을 매면서
풍성한 가을 결실 기다리련다

2.
처음부터 노부였소
밭갈이 하리
따뜻한 태양 비춰 오면은
소 몰고 쟁기 메고 밭으로 가요
밭이랑 곱게 갈아 행복 쌓으며
새싹을 가꾸고 김을 매면서
즐거운 가을 결실
기다리련다

― 농요 〈농부〉 전문

1.
논밭갈이 밭 쟁기가
등이 휘어도
따르는 밭이랑이
너무나 고와
곱게 곱게 다듬어서

씨를 뿌리어
성애채에 사랑 담아
돌아옵니다
추수하는 농부 손길
분주해지면
온 마을 웃음꽃
술잔에 담네

2.
호밋자루 손바닥에
핏기 맺혀도
농부의 길이기에
원망도 없다
자라나는 곡식들에
감사하면서
이랴 이랴 소몰이노래
즐겁습니다

가을이라 풍년 되어
추수할 적에
사임당이 춤을 추며
달려옵니다

— 농요 〈밭갈이〉 전문

 농부의 삶이 고스란히 드러나 있는 이 아름다운 두 편을 몇 번이고 가슴으로 새겨보는 동안, 도시 생활에 지쳐버린 사막 같은 마음도 시원하게 젖어 들었다. 얼마나 가치 있고 아름다운 선물인가? 화자의 영혼이 이토

록 순박하고 푸르니 이런 향토적이고 목가적인 작품들이 탄생해, 달빛처럼 세상을 밝혀주고 있지 않은가?

농자천하지대본(農者天下之大本)이라 이장기 시인이 추구하는 때 묻지 않는 흙의 의미는 한세상 살아감에 있어 가장 소중하고 보배로운 노동이다. 그 정신이 농요의 구심적 역할을 한다. 농부는 농부답고, 어부는 어부답고, 정치인은 정치인답고, 사업가는 사업가답고, 직장인은 직장인답게, 가수는 가수답고, 시인은 시인다운 세상을 살아간다면 모든 사람이 각각 자신이 맡은 각 분야에서 최선을 다하고 열매를 맺으면 얼마나 좋을까 생각해 본다.
"농부로 태어났소 농사지으며/ 밝은 태양이 비춰 오면은/ 호미 들고 괭이 메고 논밭에 가요", "처음부터 농부였소", "논밭갈이 밭쟁이가/ 등이 휘어도/ 따르는 밭이랑이 너무나 고와" "호밋자루 손바닥에/ 피가 맺혀도/ 농부의 길이기에/ 원망도 없다"
이랴 이랴 워낭소리 울려 퍼지는 시인의 농요에 흥얼흥얼 가락이 흘러나온다. 토속적이고도 산골의 정서가 듬뿍 묻어나는 가사들이 마른 가슴을 적시고 있다.
꾸밈이 없는 좋은 시는 독자들에게 공감을 주는 행복 선물이라 생각한다. 이장기 시인의 시 세계는 아무런 미사여구(美辭麗句) 없이도 감성이 살아 있으니 얼마나 멋진 시인인가!

해설을 쓰는 동안 몸도 마음도 함께 평원을 산책하는 마음으로 유유자적(悠悠自適) 심상(心想)으로 행복한 갈무리를 하였다.
누구나 나이가 들면 지금까지 살아온 날들에 비해 살아갈 시간이 적다고, 점점 더 적어지고 있다는 생각을

할 것이다. 이장기 시인의 가슴은 넓은 평야처럼 넉넉하고 풍요롭다. 화자처럼 든든하고 담담한 세월을 후회 없이 살아온 사람은, 인생의 마지막 때가 온다 해도 거침이 없고 초연한 정신세계가 탄탄하게 정립이 되어 있기에 두려움이 없다. 매일이 사시사철 꽃 피고 새 노래하는 봄날처럼 부요하다.

  지금까지 살아온 모습대로 온 세상을 가슴으로 품고 살아가는 법을 스스로 터득하였기 때문이다. 같은 연령대의 팔순보다 훨씬 젊고 건강한 시인 정신으로 살아가는 멋진 노장의 가을은 더 없이 풍성한 결실을 거두리라 생각한다.

  시인으로, 작사가로, 시 낭송가로, 음악 연주자로, 흙을 사랑하는 향토·전원 작가로 모든 것을 골고루 갖춘 시인의 행보에 큰 박수를 보내고 싶다. 남은 생, 더더욱 열정적이고 멋진 모습으로 독자들에게 사랑받는 종합예술인으로 거듭나기를 바라며.

  『세월을 붙잡고』 출간을 진심으로 축하하는 바이다.

문학세계대표작가선 1029

세월을 붙잡고

이장기 제2시집

인쇄 1판 1쇄 2024년 10월 21일
발행 1판 1쇄 2024년 10월 28일

지 은 이 : 이장기
펴 낸 이 : 김천우
펴 낸 곳 : **문학세계** 출판부 / 도서출판 **천우**
등   록 : 1992. 2. 15. 제1-1307호
주   소 : 서울시 광진구 구의강변로 85 강우빌딩 7F
전   화 : 02)2298-7661
팩   스 : 02)2298-7665
http://cafe.naver.com/chunwu777
E-mail : cw7661@naver.com

ⓒ 이장기, 2024.

값 15,000원

* 도서출판 천우와 저자의 서면 동의 없는 무단 전재 및 복제를 금합니다.
* 저자와의 협의에 따라 인지는 생략합니다.
* 이 도서는 한국예술인복지재단 예술활동준비금 지원을 받아 발간되었습니다.

ISBN 978-89-7954-940-9